Lebensdurst und Todeshunger

Abgrund

Sammlung von Gedichten und Gedanken

Jennifer Lässig

WIDMUNG

Diesen Band widme ich meinem Schatz, meinem Mann Simon, der mich
stets unterstützt hat. Vor allem in schweren und turbulenten Zeiten, in
denen ich oftmals dachte den Abgründen sehr nahe zu kommen. Immer
war er mein Rückhalt und ließ mich meinen Weg finden – bis heute…

INHALT

DANKSAGUNG

Danke an Oma und Onkel, die mich wohl behütet aufzogen, den
Grundstein für meine Leidenschaft zum Schreiben ebneten, mir so viel
ermöglichten und bis heute immer hinter mir stehen!
Danke an Melissa, die fest an mich glaubt, mich ermutigte endlich den
Gedichtband zu veröffentlichen und mir dabei mit Rat und Tat zur Seite
stand.

Abgrund

Oh ihr Abgründe des Seins,

welch schillernde Farben umgeben euch,

welch blendender Glanz erhellt euch,

welch sanfte Stimmen umringen euch,

welch wohliges Gefühl strömt aus von euch,

welch Sehnsüchte werden befriedigt von euch,

welch Leidenschaft ist enthalten in euch,

welch Glück und Paradies wird versprochen von euch…

welch Wünsche mögt ihr zu erfüllen,

welch Träume werden hervorgerufen von euch.

Ihr, die ihr die Abgründe des Seins seid.

Ihr, die ihr MEINE Abgründe seid.

Ihr, die ihr mich umgarnt,

mich lockt,

mich verwirrt,

mich einnehmt für euch.

Mein Leben und Sein leitet und lenkt,

geradewegs in den Abgrund und ins Verderben.

Ihr, die ihr so Schönes und Gutes verheißt.

Und doch geprägt von allem Schlechten und Hässlichen seid…

Oh, ihr, die Abgründe des Seins,

ihr habt mich gefangen und in euren Fängen behalten…

Doch nun ist das ENDE…

Für EUCH oder MICH….??!

Zerfall

Deine Haut von rosiger Farbe,
nun fahl und alt,
gezeichnet von tiefen Furchen,
übersät mit unzähligen Falten...
Dein Haar voller Glanz und des Windes Spiel,
ist grau und matt,
verwüstet, aus den Wurzeln gerissen,
wie nach eines Sturmes Streifzug...
Dein Körper voll Stolz und gesund,
jetzt von unsäglichen Lasten gebrochen,
durchwachsen von Krankheit und Seuchen,
aufgerüttelt durch Schmerz und Pein...
Dein Antlitz fröhlich und wunderschön,
von Trauer übersät und Kummer zerschnitten,
ein Trümmerhaufen einer Schlacht
von Sünde und Laster...
Deine Augen strahlend, dein Lebensfeuer,
nun trüb, mit dunklen Schatten untersetzt,
alles erloschen, alles verbrannt, weg,
schon vor langer Zeit...
Dein Mund rot wie Blut und verlockend,
die Lippen rissig und blau,
reizt nur noch des Todes Freunde...

Dein Herz voll Liebe und Lebenskraft,

durchdrängt mit Hass und Schwäche…

Deine Seele durchströmt mit Freude, dein Ich…

versiegt in Tiefen und Trauer, dein Ich…

Eine Träne schleicht sich hervor aus deinen Augen,

nach langen Jahre die Erste,

früher waren es Viele…

Sie rinnt dein Gesicht herunter

und fällt…

eine kleine Ewigkeit…

und landet auf grauer staubiger Asche.

Deine Asche…

Dein Ich…

Abglanz

Die Farben verblasst,
die Linien durchbrochen,
die Konturen verschwommen,
das Silber abgeblattert...
Des Ursprungs Gestalt nur noch zu erahnen,
ein Hauch seiner Seele noch zu verspüren,
eine warme Brise umgarnt dein Herz.
Splitter dringen ein in dein Fleisch,
Blut rinnt langsam zu Boden,
taucht das Grün in Weines Rot,
nährt des Grundes Bewohner.
Des Lichtes Spiel tanzt auf dir,
wirft Schatten, dunkel, kalt,
verdeckt die Todesboten.
Lässt das Übriggebliebene erstrahlen
im neuen Glanz,
viel heller und viel schöner,
als es je zuvor erschien.
Doch tiefe Furchen bahnen
sich ihres Weges gewiss.
Kein Hindernis zu sehen,
keines Widerwillen Stärke,
vermag zu hindern diesen Lauf.

Blühtest einst schillernd,

nun welkest du dahin.

Des Abschieds Zeit ist vorangeschritten,

des Abendrots letztes Spiel.

Die späten Sonnenstrahlen

aufgesogen, in sich gefangen…

In des Glanzes Ende

erstrahlest noch mal hell,

selbst geblendet von dies Schönheit,

erlagest dem Lauf der Zeit…

Siehst ein zweites Mal die Farben,

die Sonne am Horizont der Nacht gewichen,

dunkel, grau und kalt,

des Abglanzes nun gewiss…

Blatt

Hell, weiß, strahlend, leer,

keine Linien bahnen sich ihren Weg,

keine Farbe verunreinigt die Reinheit,

kein Schriftzeichen zwingt auf seinen Sinn,

keine Zeichnungen festigen es als seinen Grund,

kein Tropfen zerfrisst seine Fasern,

kein Klecks entstellt seine Schönheit,

kein Staubkorn beschmutzt sein Antlitz…

So unsagbar schön und doch so unscheinbar,

strahlt Vollkommenheit aus,

trägt keine Laster auf sich,

keine Sünd und keine Pein.

Und doch missachtet und geschändet,

in Formen gezwungen,

durch Farben entstellt,

mit Linien gefesselt,

mit Schriftzeichen gebannt,

mit Zeichnungen gedemütigt,

mit Tropfen unachtsam verletzt,

mit der Liebe süßlichen Duft bearbeitet,

gereist um die halbe Welt,

gealtert Jahr um Jahr,

geschätzt in späterer Zeit…

Doch auch mit Sünd und Pein behaftet,

mit Hass zerrissen,

Missbraucht, verachtet,

geschändet...

Klebrig, schmierig, düster.

Des Abfalls nächster Gast.

Ein Leben ungewiss,

mit unbedeutendem Schein

und doch so unverzichtbar...

Ein Leben ohne Wahl,

dem Dienste seines Herrn ergeben

und doch so treu,

welchen Weg er auch wählt...

Sieh...

Ein einzelnes Blatt weißes Papier...

Zwei Engel

Sah nur ganz trüb und verschwommen in meine Richtung ein Engel

kommen.

Streckt mir seine leuchtende Hand entgegen.

Doch mit einem Mal lächelt er verwegen.

Sogleich realisiere ich einen Schatten hinter mir,

und seh einen zweiten Engel hier.

Dieser ist ganz schwarz wie ein Rabe,

überhaupt nicht wie der Andere von leuchtend weißer Farbe.

Nun steh ich vor einer schwierigen Wahl.

Denn beide reichen mir ihre Hand mit einem Mal.

Sie rufen mir ihre Verlockungen zu,

und ich bin noch verwirrter im Nu.

Welchen Weg soll ich jetzt wählen?

Keine Entscheidung im Leben konnte mich je so quälen!

Nach einer langen Zeit voll Zweifel und Nachdenken,

ließ ich mich schließlich vom schwarzen Engel in seine Richtung

lenken.

Also ging ich nun mit ihm den düsteren Weg entlang,

und mit jedem Schritt spürte ich, wie die Unterwelt mit ihren

Schatten mein Herz verschlang.

So darf ich nun in der Hölle verweilen,

und mich trösten nur mit diesen Zeilen!

Wasserspiel

Dunkles Spiel an der Wand,

des Lichtes Schatten Tanz,

bizarre Formen entstehen

und gehen zugrunde zugleich.

Die Mutter leuchtet hell,

flackert hin und her,

will nicht gehen dahin,

bevor sie ihre Kinder hervor gebracht.

Düster das Zimmer,

nur durch das Rotorange belebt.

Wärme und Geborgenheit

der Mutter Eigenschaft,

doch Ihre Ausgeburt

kalt und unheimlich.

Die Luft versüßt

durch Rosenduft,

stickig zugleich.

Feucht,

den Spiegel verdeckend.

Schnürt den Atem ab,

brennt in den Lungenflügeln.

Ich schweife ab in Gedanken,
gefangen durch des Lichtes Spiel.
Die Sinne benebelt,
die Augen trüb.

Ich tauche unter,
hinein in mein Ich,
ich sehe Dunkelheit,
Hass und Ekel,
Schatten im Zwielicht,
ich sehe mich...

Das Wasser umschließt meinen Körper,
bedeckt jede Pore,
ruht auf meinem Gesicht,
trübt meinen Blick.
Umgarnt meine langen Haare,
treibt mit ihnen sein Spiel.
Es verweigert mir den Atem,
will eindringen in mich.

Gebe mich dem Gedanken hin
seiner Bitte Folge zu leisten...
Weit weg von hier und jetzt
mein Geist wandelt,
noch mehr davon schweben möchte.

Mein Körper erschlafft,
als wäre er nicht mehr da.
Nur noch meine Seele irrt umher.
Langsam gibt sie Ihre Hülle auf…
Wasser bahnt sich seinen Weg…

Ein Zucken geht durch den Leib,
ein ungeheuerlicher Trieb
entsteht auf einmal,
unfassbar stark…

Die Seele aus der Ferne gerissen,
zurückgeworfen in ihre Hülle,
der Trieb die Macht übernimmt…
Der Körper aufschreckt,
die Lungen nach Luft ringen…
der Blick wieder klar…

Die Lichter ringsum erloschen,
ihr Spiel hinfort,
die Luft kalt und klar,
der Spiegel zeigt wieder alles,
der Geist zurückgekehrt…

Alles wie vorher,

die Nichtigkeit des Seins,

die unbarmherzige Welt,

die Schmerzen, das Leid…

mein Leben…

Antlitz

Sieh dies Antlitz,

von Leichenblässe,

tiefschwarze Linien bahnen sich ihren Weg

um die trüben, toten Augen.

Die Lippen blass,

bläulich verfärbt.

Haare matt,

wirr umherpeitschend…

Der Leib eingefallen,

durchsichtig,

krank,

zerfressen…

Eine Hülle…

Die Seele weit weg,

dunkel und erstarrt…

Sieh dies Antlitz,

von Rosenröte,

pfirsichfarbener Teint

umspielt die lebhaften Augen.

Die Lippen voll und rot,

eines Apfel Neids.

Haare glänzend,

locker über den Nacken fallend.

Der Leib aufrecht,

von schöner Form,

gesund und munter…

Die Seele ganz nah,

erstrahlend und voll Glück…

Sieh dies Antlitz,

betrachte es ganz genau…

Siehst du es?

Sieh dies Antlitz…

Augen

Seht diese Augen,

düster und trüb,

verschwommen dein Antlitz sich darin spiegelt,

tief und klar,

vor sich dahin ruhend wie eines Sees Innerstes,

wild und ungezwungen,

eines Flusses Stroms Neid,

ruhig und flüsternd,

gleitend wie des Windes Hauch,

starr und undurchdringlich,

gleich einer Festung starker Mauern,

sanft und gutmütig,

würdig einer liebenden Mutter Blick,

gleichgültig und kalt,

wie des Gletschers Eis,

hell und strahlend,

eine gleißende Sonne,

und doch nur Augen,

grün und manchmal blau,

Augen, mehr nicht!

Weißes Gold

Draußen ist die Welt bedeckt mit weißem Schnee,
es scheint alles freundlich, wohin ich auch seh.
Möcht glücklich sein und mich ergötzen an der hellen Pracht,
doch gefangen hält mich der Kummer mit unvorstellbarer Macht.
Verweile einsam in meinem düsteren Gemach
und erblicke in der Ferne draußen die Ruhe und Freude, die mir
sonst das weiße Gold versprach.
Sehne mich danach aus meinem Gefängnis zu fliehen,
doch mein Leid ist mittlerweile schon zu sehr gediehen.
Gibt keinen Ort mehr, an dem ich mich könnt davor verstecken,
es existiert nichts mehr, das es vermag meinen tauben und fahlen
Körper wieder zu wecken.
So schau ich nun verloren aus meinem Fenster hinaus
und mein Elend löscht jegliche durch den Schnee hervorgerufene
Illusion für alle Zeiten aus.
Die Quelle meiner Hoffnung ist versiegt für immer,
meine Gestalt ist nur noch eine leere Hülle, meine Seele existiert
nimmer!

Die Sonne

Die Sonne wärmt mich gar sehr,

will von ihr immer, immer mehr!

Sie weckt meine tauben Körper wieder,

langsam und benommen spür ich nach langer Zeit meine Glieder.

Endlich ist in mir wieder Leben,

es hat dort vorher nichts als Dunkelheit gegeben.

Mein Herz war düster und kohlrabenschwarz,

es floss das Blut heraus, wie klebriger Harz.

Es ist sehr schwer verletzt,

und in einem Geflecht von Schmerzen vernetzt.

Es wird kaum merklich erhellt durch die Sonnenstrahlen,

und für einen Bruchteil einer Sekunde verschwinden die ewigen

Qualen.

Doch schon sind die dunklen Wolken wieder vor der Sonne,

vorbei ist meines düsteren Herzens Wonne.

So versink ich in meinem Gefängnis voll Trübsal,

und mein Körper wird sogleich wieder fahl.

Nun bin ich wie vorher in meinem schwarzen Land,

und spür immer noch die kurze Wärme, die man mir sandt!

Der Fluch

Seh einen die schwarzen Wolken durchbrechenden Sonnenstrahl,
der mich kurz erlöst von meiner schrecklichen Qual.
Bin verdammt ewig in meiner düsteren Welt zu verweilen.
Es gibt keine Möglichkeit meinen Fluch zu brechen und mich zu
heilen.
Hab vor Jahren einen schwerwiegenden Fehler gemacht
und einen armen Pechvogel ausgelacht.
Dieser war aber kein Unglückskind, sondern ein getarnter Dämon.
Dessen Aufgabe es war sich zu rächen und die Betroffenen zu
bestrafen mit einem Fluch und seinem Hohn.
Er nahm mir für immer die Fähigkeit zu lachen
und verfluchte mich, mir für alle Zeit nur noch dunkle Gedanken zu
machen.
Seitdem vermag nichts mehr mich zu erfreuen,
kann allein meinen folgenreichen Fehler bereuen.
So brachte mit der kurzweilige Sonnenstrahl ein bisschen Glück
und ebenso einen geringen Teil der Hoffnung auf Heilung zurück.
Sofort steht aus dem Nichts mein alter Freund vor mir.
Ein Zeichen, dass ich weiterhin werd bleiben in meiner düsteren
Gedankenwelt, hier.
Er meint, dass dies nur ein kurzer Augenblick des Glückes war
und ich weiter so verweilen muss, mindestens noch 100 Jahr.
Also werd ich weiter so vor mich hin vegetieren
und meine kleine Freude in meinen düsteren Gedanken einfrieren.

Der Schrei

Ging an einem Wintertag am See entlang, versunken in meiner
Gedanken Pein.

Geblendet vom Schnee reflektierten Sonnenschein.

Nehme die bedrückende Stille um mich wahr,

verstummt ist alles, das Rascheln der Zweige sogar.

Wandle weiter meines Weges ungewiss,

bis ein gellender Schrei aus meiner Gedankenwelt mich abrupt riss.

Erschrocken durch dies brutale Stören,

sogleich jegliches Geräusch wieder verschwunden,

vermag ich nur noch meines Herzens Pochen zu hören.

Mein Körper erstarrt als wär er am Grunde festgebunden.

Schau mich unruhig und verwirrt um,

ist kein Mensch, kein Wesen, nicht mal ein Windchen um mich
herum.

Die steifen Glieder lösen sich sehr langsam,

schreite dahin, mein Körper, mein Geist aufs Höchste wachsam.

Erblicke mit einem Male irgendetwas auf dem Eis,

lenke meine Schritte in dessen Richtung auf den See,

mein Blut gerät ins Rauschen, mir wird außergewöhnlich heiß.

Erkenne schemenhaft das Wesen immer mehr, je weiter ich geh.

Halte inne vor des Schreies Ursache,

geschockt von des Wesens Aussehen.

Eine Frau entstellt durch jemandes grausame Rache.

Kein Leben mehr ich in ihr, kein Atemhauch, kein Ton aus ihrem

Munde, kein Flehen.

Der Täter indes nicht mehr in der Gegend,

Einzig allein die Augen hat er verschont,

die mich voll Leid ansehen, verschleiert, kein bisschen Glanz mehr

sich darin regend.

Am Abendhimmel scheint auf den gequälten Leib herab der kalte

Mond.

Verließ den Ort traurig und verstört,

keiner hatte sonst diesen grässlichen Schrei gehört.

Niemand wird sie wahrscheinlich jemals vermissen,

doch diese Erinnerung hat sich tief in meine Seele verbissen.

Im Geiste seh ich von diesem Tage an,

nur noch das Blut, wie es an der Leiche herab rann.

Ein Schrei

Ein Schrei,

grell, wie der Sonne Licht,

Ein Schrei,

schrill, des Glases Tod,

Ein Schrei,

laut, wie des Donners Hall,

Ein Schrei,

tosend, wie des Meeres Wellen,

Ein Schrei,

verrückt machend, wie der Sirenen Lied,

Ein Schrei,

krächzend, wie der Raben Ruf,

Ein Schrei,

düster, wie des Trauermarsches Klänge,

Ein Schrei,

nervend, wie des Tinnitus Folter,

Ein Schrei,

schmerzend, wie des Messers Klinge,

Ein Schrei,

fesselnd und erstarrend, wie der Medusa Blick,

Ein Schrei,

unerträglich, wie des Fegefeuers Qualen,

Ein Schrei,

leise, wie des Windes Flüstern,

Ein Schrei,

leicht, wie der Federn Flug,

Ein Schrei,

sanft, wie der Mutter Liebe,

Ein Schrei,

unsichtbar, wie des Atems Hauch,

Ein Schrei,

kriechend, wie der Furchtes Schergen,

Ein Schrei,

quälend, wie der Alpträume Wesen,

Ein Schrei,

nicht endend, wie des Sisyphos Arbeit,

Ein Schrei,

ein Einziger Schrei...

Der kommende Tod

Der Tod naht,

nur wohin?

Wen frag ich um Rat?

Denn Flucht hat keinen Sinn.

Möchte fliehen, weit wegrennen,

hab Angst davor in der Hölle zu brennen.

Will einen Fuß vor den Anderen setzen,

doch sie bewegen sich nicht, als wären sie gefangen in unsichtbaren

Netzen.

Was soll ich nur tun?

Kann doch nicht hier einfach nur ruhen!

Soll ich warten bis er mich zu fassen kriegt,

und am Ende der Tod über mein junges Leben siegt?

Muss mich wehren, ihn bekämpfen,

doch, oh nein, mein Körper schüttelt sich schon vor Krämpfen.

Denn jetzt steht er vor mir da

und mir wird ganz verzweifelt klar;

dies wird nun mein Ende sein

und nur ich weine darüber allein.

Denn wo sind die Freunde, die ich stumm um Hilfe bat?

Aja, ich legte ihre Freundschaft schon vor Jahren in einen Sarg!

Abschied

Das Leben,

es ist um mich,

in mir,

hinter mir,

vor mir…

es ist all gegenwärtig…

und doch nicht da,

nicht bei mir,

denn in mir ist eine

Leere, allumfassend,

eine Tiefe, unergründlich,

eine Sehnsucht, unstillbar,

ein Hass unbezwingbar,

eine Liebe, unerfüllbar,

ein Weg, nicht endend,

eine Gruft, unendlich dunkel,

ein Nacht. tiefschwarz,

eine Qual, unersättlich,

eine Hölle, nicht endender Sünden,

eine Sonne, verdunkelt von rabenschwarzen Wolken,

Ein Sein im Nichts,

ohne Hoffnung,

ohne Ziel,

ohne Liebe,

ohne Menschen,

ohne Gefühle,

ohne Sinn,

ohne Ich,

das ist das Leben,

das Leben eines Menschen,

der sich und seine Welt aufgab.

Entweder lebt er sein Leben,

in seiner Welt,

in seiner Dimension,

in seiner Fantasie,

in seinem Ich,

in seinem Sein.

Oder er geht dahin,

trennt sich von Allem,

lässt die Welt in ihren Fugen,

aber sagt ihr ab

und geht davon,

weit davon…

Doch hinterlässt er eine Spur,

eine kleine,

winzige,

kaum sichtbare Spur,

die die Menschen sehen,

die es wert sind zu sehen,

die da waren trotz allen Hasses,

die die Person einfach so mochten und liebten,

wie sie war.

Einfach Sie, Ihr Wesen,

Ihr Lachen,

Ihr Weinen,

Ihren Hass,

Ihre Liebe…

Die Zeit mir Ihr…

Diese Zeit war nie vergeudet…

Du schafftest es nicht,

doch ich gebe mir alle Müh,

damit ich ein Leben führen kann,

welches uns beiden gefallen hätte…

Winteranfang

Die letzten Blätter des Herbstes verwehen,

jetzt ist der richtige Zeitpunkt zum Gehen.

Spüre schon lange den kommenden Schnee,

es ist höchste Zeit, dass ich wieder die Realität seh.

War den ganzen Sommer von vielen Menschen umgeben,

doch des Winters wird sich kaum jemand auf den verschneiten

Straßen regen.

Bin nun wieder überflüssig und unwichtig für jeden,

meine Abwesenheit ist für die sich zurückziehenden Menschen ein

Segen.

So muss ich also während der kalten Jahreszeit weiterziehen,

bis zum Sommer immer von Stadt zu Stadt fliehen.

Kann dieses einsame und deprimierende Leben nicht mehr ertragen

und werd jetzt den letzten und endgültigen Schritt wagen.

So geh ich nun los und steig im Schneesturm der Nacht einen Berg

herauf,

doch des Morgens schlag ich nicht mehr meine Augenlider auf.

In der Früh findet ein Arbeiter meinen Körper kalt und starr

und jeder weiß sofort, dass ich die einsame Herumwandelnde war.

Der Sinn des Lebens

Bis ans Ende aller Zeiten gerannt,

die Seele qualvoll in der Hölle verbrannt!

Herumgeirrt auf unzähligen Wegen,

hindurch gekämpft durch tosende Stürme und Regen!

Verzweifelt gesucht in der Menschen Augen diese eine Erkenntnis,

nur gestoßen auf Ignoranz ohne zu erhalten ein Ergebnis.

Bis zum Schluss gehofft zu finden des Lebens Sinn,

längst verloren die Dinge, die zu lieben auf Erden ich bin.

Für was sollte ich nun weiterhin im Diesseits verweilen?!

Gewandert auf Pfaden des Schmerzes und der Trauer ohne Erfolg

etliche Meilen.

Nun war es an mir ein Ende zu setzen dieser unerträglichen Qual

und es bedurfte nur eine Minute zu überdenken meine Wahl.

Ich entschloss mich in die Hölle weiter zu ziehen,

um dort zu suchen die Antwort und vor der Welt zu fliehen.

Jetzt sitze ich hier ohne mein Ziel erreicht zu haben,

spüre wie der Unterwelt Wesen sich an meiner Seele laben.

Doch eines wurde mir so ganz alleine klar,

jedes Leben hat einen Sinn, auch wenn ihn zu erkennen mir zu spät

vergönnt war…

Printed in Germany
by Amazon Distribution
GmbH, Leipzig